MÉMOIRE

SUR LA

REPRODUCTION IMPRIMÉE

DES CARACTÈRES

DE L'ANCIENNE ÉCRITURE DÉMOTIQUE

DES ÉGYPTIENS,

au moyen de types mobiles et de l'imprimerie.

PAR

HENRI BRUGSCH,

DE L'UNIVERSITÉ ROYALE DE BERLIN.

BERLIN,
FERD. DÜMMLER, LIBRAIRE-ÉDITEUR.
1855.

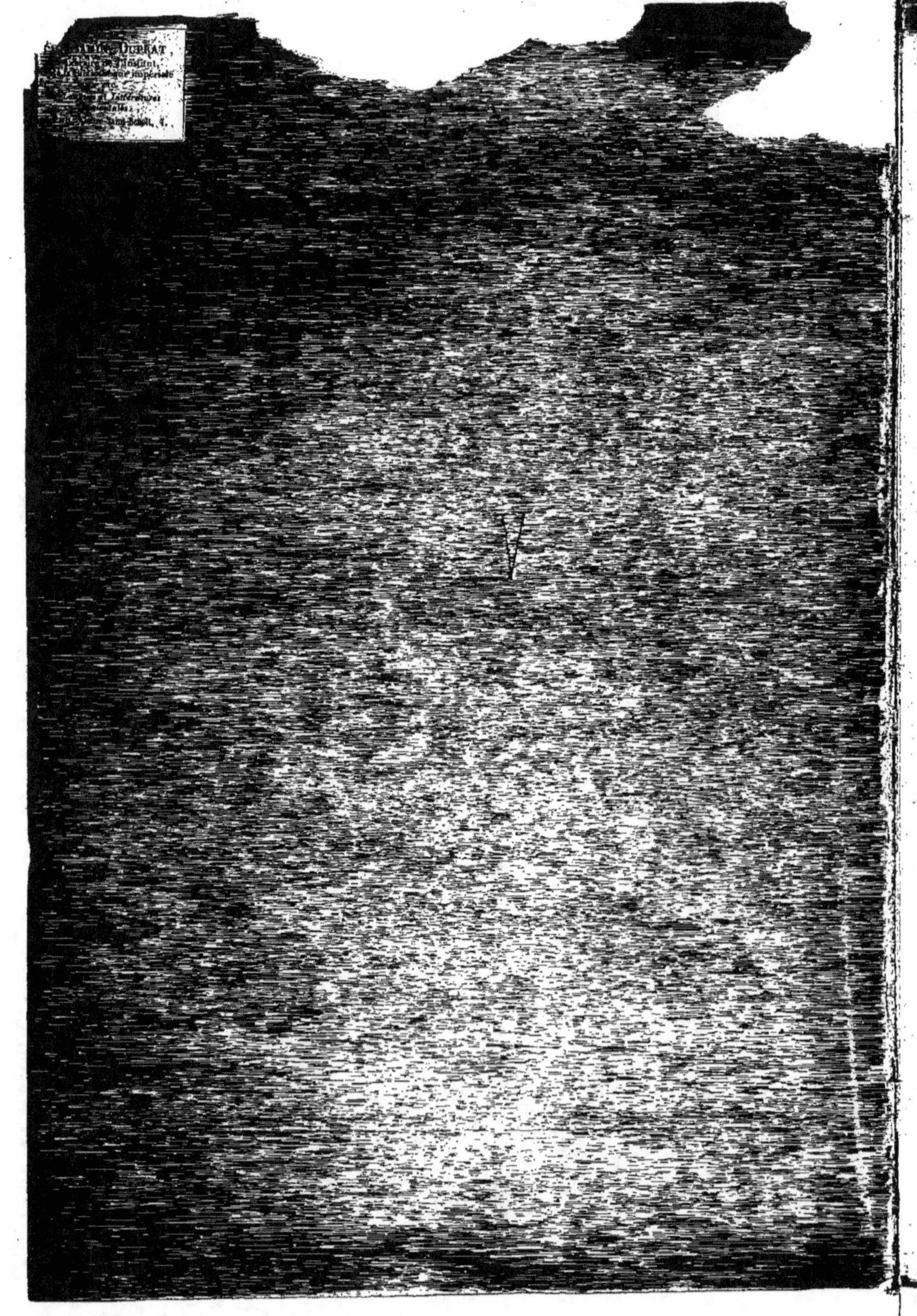
DUPRAT,
Institut,
Bibliothèque impériale
Langues et Littératures
rue Saint-Benoît, 7.

MÉMOIRE

SUR LA

REPRODUCTION IMPRIMÉE

DES CARACTÈRES

DE L'ANCIENNE ÉCRITURE DÉMOTIQUE
DES ÉGYPTIENS,

AU MOYEN DE TYPES MOBILES ET DE L'IMPRIMERIE;

PAR

 **HENRI BRUGSCH,** 
DE L'UNIVERSITÉ ROYALE DE BERLIN.

BERLIN,
FERD. DÜMMLER, LIBRAIRE-ÉDITEUR.
1855.

Honoré et encouragé par la bienveillance flatteuse de mon illustre et généreux protecteur, Mr. le Baron ALEXANDRE DE HUMBOLDT, j'ai publié, en 1848 à Berlin, l'esquisse d'une grammaire démotique sous le titre de: *Scriptura veterum Aegyptiorum demotica ex papyris et inscriptionibus explanata.* Quoique mes recherches sur l'écriture compliquée vulgairement en usage chez le peuple égyptien, ne fussent point complètement achevées à cette époque, je n'en eus pas moins la vive satisfaction de voir des savants égyptologues de tous les pays, accueillir mon travail avec une faveur qui redoubla mon zèle à poursuivre sans relâche mes laborieuses investigations sur cette intéressante matière.

La gracieuse munificence de mon auguste souverain, le Roi de Prusse FRÉDÉRIC GUILLAUME IV, vint alors remplir le plus ardent de mes vœux, en me procurant les moyens et les facilités d'aller non seulement visiter les riches musées de Paris, de Turin et de Leide, mais encore d'entreprendre (1853—1854) un voyage scientifique en Égypte, ce qui me permit d'explorer les anciens monumens, et de rechercher et d'étudier les documens démotiques échappés à la destruction générale, et qui, par leur antiquité, la richesse des nouvelles formes grammaticales que j'y ai pu découvrir, ainsi que par la haute importance de leur contenu, m'ont fourni de bien précieux matériaux pour l'œuvre que je viens de terminer.

1 *

4

Le manuscrit de ma Grammaire démotique s'étant ainsi suc-
cessivement enrichi d'année en année, et les formes grammaticales
étant trouvées, à bien peu d'exceptions près, j'ai cru ne devoir pas
hésiter plus longtemps à communiquer au monde savant les résultats de mes longues et pénibles recherches, et à contribuer ainsi,
par la faible part de mes connaissances, aux grandes découvertes
qui, dans un avenir prochain, doivent s'effectuer dans le domaine
des études linguistiques.

Ainsi décidé à faire la publication de ma grammaire démotique, il s'agissait avant tout de trouver les moyens pratiques de
réaliser ce projet. Ce fut alors que l'ancienne librairie DÜMMLER,
(si habilement dirigée aujourd'hui par MM. le Docteur HARRWITZ
et GOSSMANN) voulut bien se charger de cette difficile entreprise,
et me délivra ainsi des soucis que me causaient les retards succes-
sifs de cette publication. Mais cette difficulté levée, une autre bien
plus grave encore se présenta. Comment procéder à l'impression du
texte de cette grammaire contenant tant de caractères, de groupes
et de longues phrases en signes démotiques? D'abord j'eus l'inten-
tion de faire imprimer cet ouvrage d'une manière conforme à celle
adoptée pour l'impression de la grammaire hiéroglyphique de CHAM-
POLLION le jeune. D'après ce que M. CHAMPOLLION-FIGEAC a rap-
porté à ce sujet, on imprima d'abord les textes français, latin, grec
et copte en laissant en blanc les espaces qui, plus tard, devaient
être remplis par des groupes et des phrases hiéroglyphiques. „Après,
„une épreuve tirée sous la presse de l'imprimerie et en encre litho-
„graphique était immédiatement transportée sur la pierre; les ex-
„emples pris sur les manuscrits et décalqués sur cette pierre en
„remplissaient tous les blancs, et le tirage suivait la révision d'une
„nouvelle épreuve." [1]

[1] Voir la préface de la Grammaire Égyptienne pag. III.

La manière que je me proposai d'adopter pour la publication de ma Grammaire démotique, différait de celle décrite par M. CHAMPOLLION-FIGEAC, en ce qu'on ne transportait pas l'épreuve tirée de la presse sur la pierre, en laissant vides encore les espaces à remplir par les hiéroglyphes, mais en dessinant immédiatement le texte sur l'épreuve à l'aide d'une encre chimique; puis on transportait le double texte imprimé et dessiné sur une feuille de zinc qui reproduisait un texte entier: ensuite on tirait, au moyen de cette feuille, en se servant des procédés ordinaires d'impression. J'ai fait imprimer de cette manière la petite collection de noms propres égyptiens que j'ai publiée sous le titre de: *Sammlung demotisch-griechischer Eigennamen ägyptischer Privatleute.* Berlin 1851. in-8°. (librairie GAERTNER). Quoique cette nouvelle manière, à l'aide de la zincographie et de l'imprimerie fût un peu plus simple que celle employée par M. CHAMPOLLION-FIGEAC, elle ne parut pas encore assez satisfaisante à mes éditeurs MM. le Dr. HARRWITZ et GOSSMANN. On n'ignore pas, et la grammaire de CHAMPOLLION nous en fournit un exemple frappant, que les lettres et signes des textes ainsi imprimés perdent toujours de leur finesse et de leur égalité de couleurs, sans compter que les frais en sont assez élevés. Ces raisons suggérèrent à mes éditeurs l'idée de faire graver et fondre les types de l'écriture démotique, afin d'obvier à ces inconvéniens. Mais une nouvelle objection se présenta aussitôt. En employant le procédé zincographique, il devient facile d'imiter les textes demotiques d'une manière si exacte qu'il n'existe plus aucune différence avec l'original; le type mobile au contraire ne reproduit que le signe sous la même forme constante, sans pouvoir indiquer les quelques variantes qui se présentent dans les textes démotiques de trois époques bien différentes, à moins qu'on ne fasse graver une multitude de caractères, ce qui augmenterait considérablement les frais d'exécution et occasionnerait en outre au compositeur un travail inouï, par le nombre infini de cases où il aurait à chercher ses types.

Sous ce rapport, j'ai néanmoins adopté la proposition de M. le Dr. HARRWITZ, avec l'espoir de trouver ultérieurement les moyens sinon de vaincre ces obstacles, au moins de les aplanir sensiblement; ces moyens, les voici:

1° Les meilleures formes et les plus usitées de la troisième époque de l'écriture démotique, celle de la plus grande finesse de caractères serviront de modèles, pour le type à graver.

2° Les signes-variantes des deux premières époques devront être gravés à côté. Comme ces signes se distinguent dans la plupart des inscriptions par leur notable épaisseur, il faudra choisir celle du caractère de la troisième époque.

3° La grandeur des signes sera déterminée d'après celle des types français.

4° Tous les caractères qui ne se rencontrent que très rarement dans les textes démotiques, seront taillés en bois.

Ces principes adoptés, l'exécution des signes fut confiée à M. THEINHARDT, graveur très habile, et l'impression de l'ouvrage à l'imprimerie de M. A.-W. SCHADE. Ce Mémoire est imprimé avec les mêmes types que ceux employés pour la grammaire démotique. Je suis heureux de pouvoir reconnaître et affirmer que les lettres sorties des mains de l'artiste, n'ont rien perdu de la netteté et de l'élégance de leurs formes. Le tableau qui suit offrira un aperçu des principaux signes de l'alphabet démotique, qui, j'ose le prétendre, présentent le caractère démotique dans toutes ses particularités et qui, pour la première fois aussi, sont reproduits en types mobiles dans le monde scientifique.

Ordre.	Type démotique.	Lettre française.	Lettre copte correspondante.
1.	ⲓ	A	
	⊥	A	
	⸌ⵑ	A	ⲁ, ⲉ, ⲱ
	ⵥ	A	
	ⵤ	A	
2.	⵼, ⵸	I	ⲓ, ⲉⲓ
3.	ⵏ, ⵟ	OU, O	ⲟⲩ, ⲟⲩⲟ, ⲱ, ⲟ
4.	4	W	
	ⵣ	W	ⲃ
5.	ⵥ, ⵦ	V	ϥ
6.	ⵥ, ⵯ, ⵯ	P	ⲡ, ⲫ
7.	ⵣ	M	
	ⵐ	M	ⲙ
8.	ⵐ	N	
	—	N	
	ⵯ, ⵜ	N	ⲛ
9.	ⵥ, ⵥ	L	ⲗ, ⲣ
10.	ⵥ, ⵥ	R	ⲣ, ⲗ
11.	ⵥ	S	
	✝	S	ⲥ
	ⵦ	S	
12.	ⵥ, ⵥ	T	
	ⵥ, ⵥ	T	ⲧ, ⲑ
13.	ⵥ	H	
	ⵥ	H	ϩ
	ⵥ, ⵥ	H	

Ordre.	Type démotique.	Lettre française.	Lettre copte correspondante.
14.		K	
		K	
		K	Ⲕ
		K	
		K	ϭ
15.		Ch	ϫ
		Ch	
16.		Ś	ϣ
		Ś	
17.		T	ⲝ

Je n'ignore pas qu'il existe en Allemagne, par exemple à Leipsic et à Vienne, quelques ateliers d'imprimerie qui possèdent un certain nombre de caractères démotiques; mais malheureusement ces types grossiers sont en si petit nombre et en outre ils sont gravés d'une manière si peu conforme au caractère de l'écriture démotique, qu'il est presque impossible de les reconnaître pour le type égyptien.

Pour donner une idée de l'effet d'un texte composé avec nos nouveaux types, j'ai choisi pour exemple, l'*incipit* d'un papyrus du musée égyptien de Berlin, côté nº 7.

[démotique] (3) *[démotique]*
[démotique]
[démotique] (4) *[démotique]*
[démotique]
[démotique]
[démotique] (5) *[démotique]*
etc. *[démotique]*

Quant à la transcription des textes démotiques, j'ai adopté la manière que M. DE ROUGÉ a proposée le premier, pour l'inscription du tombeau d'Ahmès, chef des nautoniers. (Paris, 1851.)

Cette méthode consistant à transcrire le texte démotique par des lettres majuscules de l'alphabet français, les formes grammaticales étant seulement exprimées par l'écriture nommée *petits capitaux*, en terme d'impression, et de marquer les voyelles omises par des minuscules, m'a paru réunir deux avantages pour le lecteur; le premier, que la transcription fait mieux ressortir de prime abord ce qui est véritablement transcrit; le second, que les racines se distinguent plus facilement des désinences et des autres parties grammaticales.

Pour donner un exemple d'un texte transcrit et traduit interlinéairement, j'ai choisi la IXme page du Papyrus gnostique n° 65 du musée de Leide, publié dans les *Monuments égyptiens* du musée d'antiquités des Pays-bas, à Leide, par M. LEEMANS, et que voici:

[dém.]	*[dém.]*	*[dém.]*	*[dém.]*	*[dém.]*	*[dém.]*	*[dém.]*
AI	OUAHT	HT A W	CheWS	ᴅ	TI-ou	ᴎᴇ
ÏH	ΘΕΟΥ	ΒⲰΘ	lampe	sur la	paroles	les

[dém.]	*[dém.]*	*[dém.]*	*[dém.]*	*[dém.]*	*[dém.]*	*[dém.]*
AALA	HKAH	AOU	AI	AA	A	AOU
ΕΛⲰΑΙ	ΦΘΑΧ	ΟΥΑ	ÏA	ⲰΗ	Ο	ΟΥΗ

AI | OUAI | AAHP IRAP | ?AA | HTAI (2)
ÏA | ÏEOY | ΠΥΡΙΦΑΗ | ЄѠΗ | ΙΑΘ

eN OUAIN eN PE | chnı eN AM | AOUI | AI | AI (3)
de | lumière | de la | descende | ΙΟΥΗ | ÏA | ÏѠ

ALOU | POUI | eN | eNTA-K-OUANH | CheWS | POUI
enfant | cet | à | pour que tu paraisses | lampe | cette

ΔI-AeW | eNT | P | chaR | NAI | eNTA-K-AeW
je suis purifié | qui | ce | par | à moi | que tu donnes purification

AHTNARAHT | ROUAAI | AAI MAI-eN-POU | chaR-V (4)
ΘEPENΘѠ | ΙΑѠΛѠ | ΙΑѠ | à toujours | par lui

ALP SNAHK | ALW (5) | ROUAHKTIMISK I S P
ΒΛΑΧΑΝCΠΛΛ | ΤΙΚΙΜЄΔΧΕΛΟ

OUAI | OUHTARAWRAW | AIWAOU | AAI
ÏEOY | ΒΑΡΒΑΡΑΙΘΟΥ | ΟΥΗΒΑΪ | ΙΑΗ

IRHP ANATATNIRW (6) | HPOUNHK NA PRA
ΒΡΙΝΤΑΤΗΝѠΦΡΙ | ΑΡΠΟΝΧΝΟΥΦ

H KAHK AIRAWANAM | ARHTNANLAW | ARHRA K | AAH
ΜЄΝΒΑΡΕΙΑΧΥΧ | ΒΑΛΝЄΝΘΡΗ | ΚΑΡΡΗ | ΫΑ

AWRAS NOURA | AMLAKS | NIRW | HKHK (7) | AI
ΑΡΟΥΖΑΡΒΑ | ΒΡΙΝϹΚΥΛΜΑ | Χ | Χ | ΙΑ

• (8)
MARAHKRAAM | HKIMOUT P IN | HP IRHKASAM
ΜΑΟΡΧΑΡΑΜ | ΝΙΠΤΟΥΜΙΧ | ΜΕϹΕΧΡΙΦ

• (9)
HT A IOUNIAWMIRW | HP MA | HKAHKNAAL..
ΒΡΙΜΒΑΪΝΟΥΪωΘ | ωΜΦ | ΛΑΑΝΧΥΧ

• MAHKIAL | AHKOUAHK | IAWNAKNAS
ΛΑΪΧΑΜ | ΧωΟΥΧΕ | ϹΕΝΧΕΝΒΑΪ

H TOU A IMRA
ΑΡΜΙωΟΥΘ

NB. Les transcriptions grecques se trouvent sur le papyrus même, où elles ont été tracées par un écrivain moderne.

J'y ajoute les noms propres suivants extraits de contrats et d'inscriptions démotiques, afin de donner une idée des caractères grossiers que l'on trouve dans quelques inscriptions en écriture démotique.

Les épreuves qui suivent sont faites avec des caractères taillés en bois.

Noms démotiques.	Transcrits en lettres françaises.	En grec.
	(AaH)-MOUS	$ΑΜΩΣΙΣ.$
	NTaRIHOUS	$ΔΑΡΕΙΟΣ.$

Noms démotiques.	Transcrits en lettres françaises.	En grec.
	PSaMTiK	ΨΑΜΜΗΤΙΧΟΣ.
	HaKeR	ΑΧΩΡΙΣ.
	NaChT-NeW-eV	ΝΕΚΤΑΝΕΒΗΣ.
	PTROÙMIS	ΠΤΟΛΕΜΑΙΟΣ.
	WeReNiKA	ΒΕΡΕΝΙΚΗ.
	ARSINA	ΑΡΣΙΝΟΗ.

TYPOGRAPHIE D'A.-W. SCHADE, A BERLIN, GRÜNSTR. 18.

GRAMMAIRE DÉMOTIQUE

CONTENANT

LES PRINCIPES GÉNÉRAUX

DE LA LANGUE ET DE L'ÉCRITURE POPULAIRES

DES ANCIENS ÉGYPTIENS.

PAR

HENRI BRUGSCH,
DE L'UNIVERSITÉ ROYALE DE BERLIN.

AVEC UN TABLEAU GÉNÉRAL DES SIGNES DÉMOTIQUES ET DIX PLANCHES Y ANNEXÉES.

Fol. Cartonné. 25 Thlr.

FERD. DÜMMLER, LIBRAIRE-ÉDITEUR, A BERLIN.

Cette grammaire contient une exposition complète et scientifique du dialecte égyptien qui, au temps des derniers Pharaons, des Grecs et des Romains, était parlé et écrit vulgairement en Égypte. Plusieurs savants distingués s'étaient déjà précédemment occupés de déchiffrer l'écriture démotique, genre d'écriture des plus compliqués dont jamais un peuple ait fait usage, et qui se fonde à peu près, sur les mêmes principes que les systèmes hiéroglyphique et hiératique. Le peu de résultats que les essais et les recherches de ces savants ont produit pour la science, n'a pas répondu à leurs louables efforts. Déjà en 1848, l'auteur fut assez heureux pour découvrir le système du démotique et pour donner les règles principales d'une grammaire de cette langue (voir son livre: *Scriptura Aegyptiorum demotica*). La présente publication renferme non seulement toutes les formes grammaticales et leur reproduction graphique jusque dans les moindres détails, mais encore un grand nombre d'exemples curieux, extraits des monumens démotiques existant dans tous les musées de l'Europe et en Égypte. L'exactitude des résultats obtenus est manifestement prouvée par une comparaison des formes correspondantes de la langue sacrée et du copte. C'est ainsi que cette grammaire offre le résumé le plus complet des trois idiomes qui ont été parlés en Égypte.

Les signes démotiques intercalés dans le texte, ont tous été fondus; ceux qui sont d'un usage moins fréquent, ont été taillés.

Dix planches donnent le *fac-simile* le plus précis et le plus fidèle d'inscriptions démotiques existant dans les musées de Paris, Leide, Turin, Dresde et de l'Égypte. Enfin l'éditeur n'a rien épargné pour que l'exécution artistique de cet ouvrage répondît à son importance scientifique.

KOPTISCHE GRAMMATIK

VON

Dr. M. G. SCHWARTZE,

EHEM. PROFESSOR DER KOPTISCHEN SPRACHE AN DER KÖNIGL. FRIEDRICH-WILHELMS-UNIVERSITÄT ZU BERLIN.

HERAUSGEGEBEN NACH DES VERFASSERS TODE

VON

Dr. H. STEINTHAL,

DOCENTEN AN DERSELBEN UNIVERSITÄT.

1850. gr. 8. cart. 5 Thlr. 10 Sgr.

ÜBER DIE

REDUCTION ÄGYPTISCHER DATA
AUS DEN ZEITEN DER PTOLEMÄER

VON

LUDWIG IDELER.

1838. gr. 4. geh. 8 Sgr.

ZWEI SPRACHVERGLEICHENDE ABHANDLUNGEN:

Ueber die Anordnung und Verwandtschaft des Semitischen, Indischen, Aethiopischen,
Alt-Persischen und Alt-Aegyptischen Alphabets.
Ueber den Ursprung und die Verwandtschaft der Zahlwörter in der Indogermanischen,
Semitischen und Koptischen Sprache.

VON

Dr. RICHARD LEPSIUS.

1838. gr. 8. geh. 1 Thlr.

PISTIS SOPHIA.
OPUS GNOSTICUM VALENTINO ADJUDICATUM

E CODICE MANUSCRIPTO COPTICO LONDINENSI DESCRIPSIT ET LATINE VERTIT

M. G. SCHWARTZE

EDIDIT

J. H. PETERMANN.

1850. gr. 8. cart. 6 Thlr. 20 Sgr.

— FERD. DÜMMLER, LIBRAIRE-ÉDITEUR. —

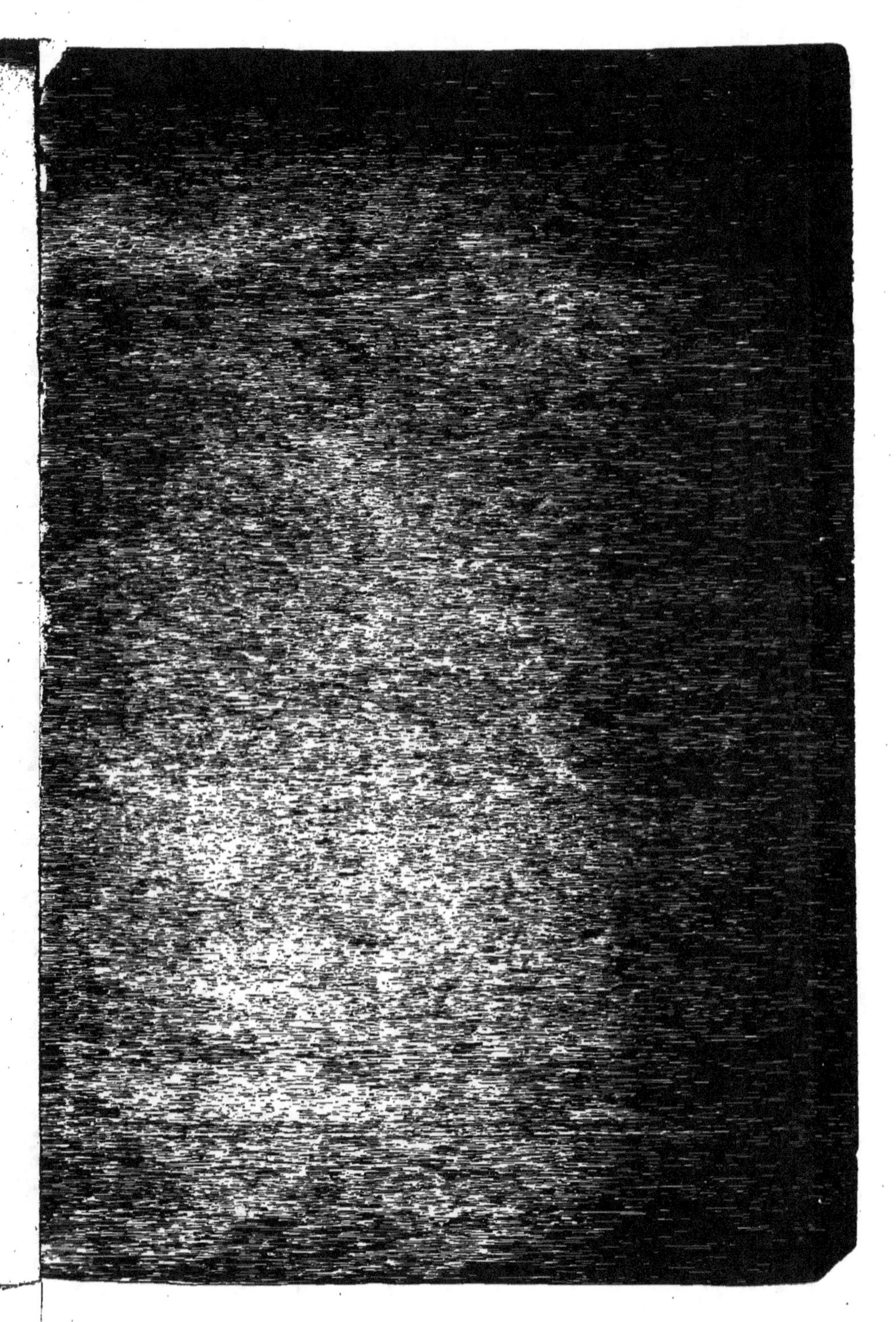

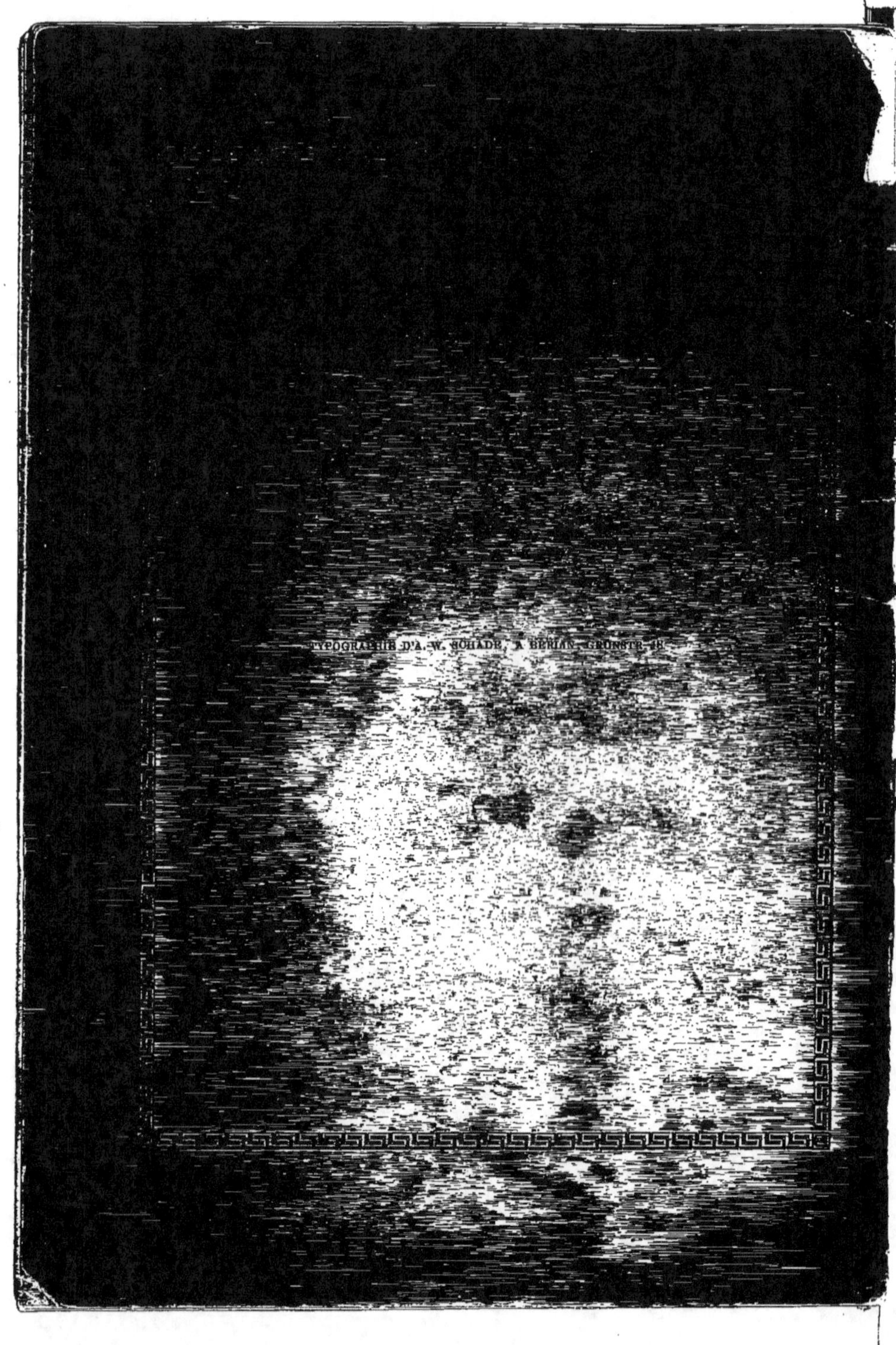

TYPOGRAPHIE D'A. W. SCHADE, A BERLIN, GRÜNSTR. 18.